Regine Schindler

Gott,
ich kann mit dir reden

Gebete, die uns begleiten.
Für Kinder, Jugendliche und Eltern

Bilder von Helga Aichinger

Kaufmann · Patmos

Silja Walter in Verehrung und Freundschaft gewidmet

CIP-Titelaufnahme der Deutschen Bibliothek

Schindler, Regine:
Gott, ich kann mit dir reden: Gebete, d. uns begleiten;
für Kinder, Jugendliche und Eltern / Regine Schindler. – 3. Aufl. –
Lahr: Kaufmann; Düsseldorf: Patmos, 1988
  ISBN 3-7806-0456-6 (Kaufmann) Gb.
  ISBN 3-491-79269-X (Patmos) Gb.

3. Auflage 1988
© 1982 by Verlag Ernst Kaufmann, Lahr
und Benziger Verlag, Zürich und Köln
Gesamtherstellung: studiodruck, Nürtingen-Raidwangen
Printed in West Germany
ISBN 3-7806-0456-6 (Kaufmann)
ISBN 3-491-79269-X (Patmos)

Vorwort

Eine Mutter betet mit ihrem Kind. Sie hat ihr Kind gehört, nimmt von dem Kind Sprache und gibt sie dem Kind in einem neuen Horizont zurück. So lehrt sie das Kind beten, gibt dem Kind eine neue Sprache, eine durch das Gebet geheiligte Muttersprache. Man merkt es den hier vorgelegten Gebeten an, daß sie nicht am Schreibtisch entstanden sind, sondern im Umgang mit dem Kind. So gelingt Regine Schindler, was den Christen in einer ungereimten Welt sonst kaum gelingt: sich einen Reim zu machen.

Ich denke, es liegt ein tiefes Geheimnis im Beten einer Mutter mit ihrem Kind: Ein erwachsener Mensch wird seinem Kind zu einem Kind und lernt damit die hohe Kunst, die in der Umkehr liegt und im Werden-wie-die-Kinder. Endlich und zuletzt können die sogenannten Erwachsenen auch nicht anders beten als wie ein Kind. Dies Geheimnis mag ein Grund sein für die Anmut dieser Gebete.

Gebetbücher muß man erst durchlesen, ehe man sie brauchen kann. Wer die Gebete von Regine Schindler durchliest, wird eine doppelte Bewegung in ihnen entdecken. Die Gebete wachsen mit dem Kind und gehen zu auf das Gebet, das Jesus lehrt. In der doppelten Bewegung – hin zum Kind und seinem Wachstum und hin zu Gott und seinem Kommen – kommt es zum Staunen ob dem Wunder: „Gott, ich kann mit dir reden." –

Gebete aber wollen nicht gelobt, sie wollen gebetet sein.

Rudolf Bohren

Inhaltsverzeichnis

Danke, lieber Gott!

10 Gott, ich kann mit dir reden
11 Gott, du hast mir zwei Hände gegeben!
12 Zwei Tischgebete
13 Lieber Gott, ich danke dir!
14 Wenn wir froh sind, lachen wir
15 Ich renne gern, ich liebe das Rennen
16 Womit ich lebe
17 Großer Gott, du hast alles gemacht
18 Die Menschen rundum

Dieser Tag war lang und schön

22 Müd' ist mein Bein. Müd' ist mein Arm
23 Gott, ich danke dir für diesen Tag!
24 Guter Gott, viele Menschen haben kein Bett und kein Dach
25 Gott, dieser Tag war lang und schön
26 Die Lichter gehen alle aus
27 Gott, ich denke jetzt an morgen
28 In der grauen Stadt
30 Ich bin schlechter Laune

Großer Gott, kannst du das ändern?

34 'S gibt Menschen, die haben kein Hemd und kein Brot
35 Gott, hilf dem, der Hunger hat
36 Starker Gott, es gibt Krieg in vielen Ländern
37 Das Haus aus Watte
38 Wenn wir krank sind, ist alles anders
39 Ein kleines Kind in Afrika
40 Die alte Frau
42 Gott, du läßt die Sonne scheinen

Gott, ich möchte dich gerne sehen!

46 Gott, ich möchte dich gerne sehen!
47 Das möcht' ich wissen
48 Oh Gott, kein Mensch hat dich gesehen
49 Wie der Hirsch nach Wasser schreit
50 Vom guten Hirten
51 Wenn wir tot sind
52 Schöpfungslied
54 Und ich, höre ich dich?
55 Gott, gib uns deinen Geist und mach uns neu!
56 Jesus, du kommst von Gott

Jesus kommt zu den Schwachen und Kleinen

60 Jesus kommt zu den Schwachen und Kleinen
61 Bartimäus
62 Ostern
63 Das neue Leben
64 Pfingsten
65 Dein Geist
66 Jesus, ich möchte mit dir reden
67 Der Geburtstag Jesu
68 Bist du wirklich König?
69 Jesus, ich brauch dich, werde mein Freund!
70 Wenn das erste Weihnachten nochmals käme
72 Unser Vater

74 Nachwort

Danke, lieber Gott!

Gott, ich kann mit dir reden.
Du hörst mich, du verstehst mich.
Du verstehst alle Sprachen der Welt.
Alle Menschen dürfen mit dir reden.
Danke, lieber Gott!

Gott, du hast mir zwei Hände gegeben!
Ich kann damit essen, den Löffel halten.
Ich kann auch malen, schneiden und kleben.
Und ich kann die Hände zum Beten falten!
Danke, lieber Gott!

Zwei Tischgebete

Gott, du hast vieles wachsen lassen,
alles kommt von dir!
Voll sind Schüsseln, Teller, Tassen.
Wir danken dir dafür!

Wir sitzen zusammen, wir werden satt.
Wir danken dir, Gott, für das Essen.
Wir bitten für den, der kein Essen hat.

Gott, laß uns dich nicht vergessen!

Wir sitzen zusammen, wir haben es gut.
Gott, gib uns nicht nur zu essen.
Mach du uns froh, gib du uns Mut!

Gott, laß uns dich nicht vergessen.

Lieber Gott, ich danke dir!
Ich danke dir für jedes Tier:
den Vogel auf dem Dach,
die Fische im Bach
und die Katze im Haus,
im Keller die Maus,
die Fliege und den Floh,
den Elefanten im Zoo.
Über alle bin ich froh!
Danke, lieber Gott!

Wenn wir froh sind, lachen wir.
Ich habe das Lachen gerne.
Das Lachen in den Augen
und das Lachen, das man hört.
Die Katze lacht nicht.
Auch der Hund lacht nicht.
Den Menschen allein hast du das Lachen geschenkt.
Danke, lieber Gott!

Ich renne gern, ich liebe das Rennen.
Ich lerne neue Straßen kennen.

Ich saus' mit dem Rad, ich liebe das Sausen.
Ich höre den Wind um die Ohren brausen.

Ich lache gern, ich liebe das Lachen.
Ich weiß so viele lustige Sachen.

Ich rede gern, ich liebe das Reden.
Mein Freund hört zu, er sitzt daneben.

Fürs Rennen, Sausen, Lachen und Reden
dank' ich dir Gott, du hast alles gegeben!

Womit ich lebe

Die Sonne bringt uns Wärme und Leben.
Die Sonne – herrlicher Lichtertanz.
Sie hat allem Farbe und Leuchten gegeben.
Die Erde ist hell und voller Glanz.
Gott, danke für die Sonne!

Der Regen ist wie ein Vorhang aus Tropfen.
Die Blumen trinken. Die Halme sind leer.
Aufs Hausdach hör' ich den Regen klopfen.
Die nasse Erde riecht süß und schwer.
Gott, danke für den Regen!

Der Schnee fällt langsam wie kleine Sterne.
Ein weißes Tuch in unserm Garten.
Und alles wird still, alle Schritte sind ferne.
Die Erde kann warm auf den Frühling warten.
Gott, danke für den Schnee!

Die Nacht kommt heimlich, versteckt die Stadt,
verhüllt die Menschen, Häuser, Bäume,
daß alles Leben Ruhe hat.
Die Erde ruht – ich schlaf' und träume.
Gott, danke für die Nacht!

Großer Gott, du hast alles gemacht:
die Sonne, den Mond, den Tag und die Nacht,
den Himmel, die Erde, das Wasser, den Schnee,
die Tiere am Lande, die Fische im See,
ein Kleid für die Erde: grün, gelb, blau und rot,
die Blumen, die Wälder, wir freuen uns, Gott!

DIE MENSCHEN RUNDUM

Guten Morgen! Ich fahr' in der Straßenbahn,
rechts und links sitzen Männer und Frauen.
Sie nicken, sie grüßen und lächeln sich an.
Es macht mir Spaß, sie anzuschauen.

Guten Tag! Ich geb' meinem Freund die Hand.
Wir lachen, wir können uns alles sagen.
Ich habe auch Nachbarn, Wand an Wand.
Im Notfall kann ich sie etwas fragen.

Gute Nacht! „Mutter, bleib noch hier!"
Sie ist ganz nahe, jetzt hat sie Zeit.
Sie deckt mich zu, sie sitzt bei mir.
Ich halte sie fest, ich spüre ihr Kleid.

Ich danke dir Gott für die Menschen rundum.
Ich vergesse sie manchmal und weiß nicht warum,
die alten, jungen – Groß und Klein –
Menschen von Gott! Ich bin nicht allein!

Danke für alle Menschen rundum!

Dieser Tag war lang und schön

Müd' ist mein Bein. Müd' ist mein Arm.
Ich lieg' im Bett, da ist es warm.
Wie schön zu schlafen und aufzuwachen!
Ich habe viele schöne Sachen.

Du großer Gott, schau doch auf mich.
Du großer Gott, ich denk' an dich.

Gott, ich danke dir für diesen Tag!
Für alles Schöne, das ich mag!
Für meine Freunde, fürs Spielen, fürs Essen!
Gott, du hast mich nicht vergessen!

Guter Gott,
viele Kinder haben kein Bett und kein Dach.
Bei ihnen ist Krieg. Sie sind arm und schwach.
An diese Kinder will ich jetzt denken.
Meine Decke möchte ich ihnen schenken.
Ich weiß aber nicht, wie man das macht!
Guter Gott, halte sie in deiner Hand!
Sei du auch im fremden Land!
Behüte auch sie in schwerer Nacht!

Gott, dieser Tag war lang und schön.
Jetzt, wo die Menschen schlafen gehn,
schick bitte auch für diese Nacht
den Schlaf, der alle kräftig macht.
Gott, gib uns Träume ohne Schrecken,
Träume, die uns nachts nicht wecken.
Alle, die wach und traurig sind,
den alten Mann, das kranke Kind,
Gott, laß sie bitte nicht allein.
Du kannst auch bei ihnen sein.
Bitte, lieber Gott!

Die Lichter gehen alle aus.
Dunkel ist das ganze Haus.
Ich sehe Schatten an der Wand.
Dunkel ist das ganze Land.

Meine Eltern sind nicht fern.
Sie sind bei mir, ich hab' sie gern.
Ich höre sie vor meiner Tür.
Gott, ich danke dir dafür!

Gott, ich denke jetzt an morgen.
Ich habe Angst, ich habe Sorgen.
Ich fürchte mich vor all den Dingen,
die mir manchmal nicht gelingen.

Ich möchte gern zu Hause bleiben,
nicht in der Schule rechnen, schreiben.
Ich mache Fehler, schreib nicht schön.
Warum muß ich zur Schule gehn?

Im Sport, da bin ich nicht so gut.
Ich habe einfach keinen Mut.
Wild sind die andern, und sie lachen.
Gott, kannst du das anders machen?

Gott, darum will ich dir sagen:
Hilf mir in Nächten und an Tagen.
Nimm die Angst und gib mir Mut.
Ich denk' an dich, denn du bist gut.

IN DER GRAUEN STADT

Ich bin alleine in der grauen Stadt.
In den vielen Menschen such' ich Augen, such' ich Hände.
Doch wohin ich blicke und mich wende:
alle starr und unbekannt.

Ein kleines Lächeln dort –
schon ist es wieder fort.

Ich bin alleine in der grauen Stadt.
In den Häusern, in den Gassen,
wo ist eine Hand zum Fassen?
Ich möchte diese Menschen kennen,
sie streicheln und beim Namen nennen.

Wer ist es, der gelächelt hat?

Ich bin alleine in der grauen Stadt.

Gott, du kennst alle in der grauen Stadt.
Kennst ihre Haut, ihre Augen und Hände.
Du kennst die Häuser, Fenster, Wände.
Gott, auch ich bin dir bekannt.
Gott, ich geb' dir meine Hand.
Willst du sie nehmen, mich begleiten?
Schau rechts, schau links, nach allen Seiten!
Schau hinten, vorn, nach allen Enden!
Nimm auch die andern bei den Händen.
Damit sie mit dir durch die grauen Straßen geh'n,
sich fassen und sich in die Augen seh'n.
Die Stadt, die ist dann nicht mehr grau.

Das kleine Lächeln steckt jetzt alle an.

Und ich, ich weiß es ganz genau:
Du, mein Gott, hast das getan!

Ich bin schlechter Laune.
Ich weiß nicht warum.
Und die andern sagen:
Tu doch nicht dumm!
Mir ist nicht wohl in meiner Haut.
Ich stampfe und ich schimpfe laut.
Ich sage dann: Laßt mich in Ruh!
Und schlage meine Türe zu.
Im Herzen sitzt ein böses Tier.
Es ärgert mich und schnappt nach mir.

Manchmal bin ich froh,
ich weiß nicht warum.
Mir gefallen alle Menschen rundum.
Mir ist so wohl in meiner Haut.
Ich sing' vor mich hin, ich pfeife laut.
Ich möchte alle an mich drücken,
auf der Wiese Blumen pflücken.
Im Herzen hüpft ein Clown, der lacht.
Er hat mich munter und glücklich gemacht.

Gott, ich rufe dich, sei du bei mir.
Du siehst mich schimpfen, siehst mich singen.
Drum will ich beides vor dich bringen:
mein Herz mit dem Clown, mein Herz mit dem Tier.
Gott, du bist stärker als die beiden.
Gott, du kannst immer bei mir bleiben.
Hilf doch, das böse Tier vertreiben.
Und zeig dem Clown die richtigen Schritte.
Wohne du bei mir, das ist meine Bitte.

Großer Gott, kannst du das ändern?

'S gibt Menschen, die haben kein Hemd und kein Brot.
Kein Dach überm Kopf, sie leiden Not.
Sie haben Hunger, sie haben Durst.
Und wir? Wir essen Brot mit Wurst.
Wir trinken Cola, Saft oder Wein.
Und möchten noch viel reicher sein.

Du siehst die Reichen, großer Gott.
Du siehst die Armut, siehst die Not.
Laß auch uns Kinder, wenn wir essen,
die andern Menschen nicht vergessen!
Oh Gott, hilfst du uns Freude machen?
Siehst du die Menschen, die nicht lachen?

Laß kluge Menschen Wege finden,
Hunger und Not zu überwinden.
Laß viele kämpfen für die Armen!
Ich bitte dich, hab du Erbarmen.
Hilf, lieber Gott, schau alle an,
den armen und den reichen Mann!

Gott, hilf dem, der Hunger hat.
Das Kind in Asien mache satt.
Und uns gib Hunger nach deinem Wort.
Sei bei uns und bei dem Kinde dort!

Starker Gott, es gibt Krieg in vielen Ländern.
Die Menschen schießen, sie machen sich tot.
Starker Gott, kannst du das ändern?
Die Raketen, die Bomben, die große Not?

Oh Gott, ich kann dies nicht verstehen.
Laß doch die Menschen Frieden schließen!
Laß bitte das Böse nicht geschehen!
Laß sie bitte nicht mehr schießen!

Gott, auch wir Kinder haben Streit.
Wir schimpfen, jeder will alles für sich.
So wird Krieg und so wird Leid.
Komm starker Gott, wir brauchen dich.

DAS HAUS AUS WATTE

Die großen Leute haben andere Gedanken als ich
und andere Wörter.

Sie verstehen mich nicht.
Um mich ist wie aus Watte ein Haus.
In der Watte bleiben meine Wörter hängen,
sie möchten hinaus.
Ein Haus aus Watte, das kann niemand sehen.
Doch die Großen können mich nicht verstehen.
Darum werde ich still, ganz still.
Hör du mich, Gott, wenn ich reden will.

Die großen Leute haben andere Gedanken als ich
und andere Wörter.

Sie sagen:
Kinder sollen essen und lachen.
Sie sollen spielen mit ihren Sachen.
Sie sollen brav ins Bett geh'n und schlafen
und hören das Lied vom Mond und den Schafen.
Aber ich möchte mehr sein als nur ein Kind.
Ein ganzer Mensch möchte ich sein,
nicht immer nur ein Kind und klein.
Ein ganzer Mensch mit Wörtern und Gedanken.
Kannst du es abreißen – aus Watte das Haus?
Hilf mir Gott, laß mich hinaus!

Wenn wir krank sind, ist alles anders:

Wir können nicht mehr richtig essen.
Die Freunde haben uns vergessen.
Wir schlafen am Tag, sind wach in der Nacht.
Die Krankheit hat uns traurig gemacht.
Die Welt wird plötzlich still und fern.
Gesund sein wie früher, das möchten wir gern!
Wir haben Fieber, der Kopf zerspringt.
Und wenn die Mutter am Bette singt,
dann denken wir: Gott, auch du bist da;
wie die Mutter bist du, lieb und nah.
Geh nicht fort, lieber Gott, laß uns nicht allein.
Wir möchten auch jetzt deine Freunde sein.
Deine guten Arme können uns tragen,
auch in kranken und in traurigen Tagen.

Wenn wir krank sind, ist alles anders.
Gott, bist du wirklich immer da?
Mach, daß wir dich spüren!
Bitte, lieber Gott!

Ein kleines Kind in Afrika,
das hat noch dreizehn Brüder.
Am Morgen ist kein Frühstück da.
Und keiner singt ihm Lieder.

Das Kind wird krank, sein Bauch ist groß.
Das Kind braucht Milch und Butter.
Wer nimmt das Kindlein auf den Schoß?
Das Kind sucht seine Mutter.

Oh Gott, siehst du das kleine Kind?
Gibst du ihm nicht zu essen?
Du weißt doch, wo die Armen sind!
Kannst du sie ganz vergessen?

Oh Gott, sag mir, was soll ich tun
fürs kleine Kind in Afrika?
Ich möchte helfen und nicht ruhn!
Das Kind ist fern und vielleicht nah!

DIE ALTE FRAU

Die alte Frau winkt mich immer heran.
Sie sitzt auf der Bank vor dem Haus nebenan.
Sie fragt jeden Tag: „Wer bist denn du?"
Ich sag's ihr und denke: „Laß mich in Ruh."
                    – seit sieben Jahren!

Die alte Frau ruft: „Ich bin allein.
Ich möchte fort, laßt mich zur Mutter heim,
Mutter, ich will zu dir, gib mir doch Brot."
Doch ihre Mutter ist schon lange tot.
                    – seit fünfundzwanzig Jahren!

Die alte Frau kam mir gestern entgegen.
In Pantoffeln, bei argem Schnee und Regen.
Mit der Heugabel sucht sie im Winter nach Heu.
Ihre Tochter ruft: „Die Pantoffeln sind neu!"
                    – erst zwei Wochen alt!

Die alte Frau läuft allein in den Wald.
Sie läuft weit, ohne Mantel. Es wird ihr kalt.
Man muß sie suchen wie ein Kind.
Und manche sagen einfach: ,,Die spinnt!
                      – seit sie achtzig ist.''

Die alte Frau zog sich an letzte Nacht.
In der Küche hat sie Frühstück gemacht.
,,Ich kann noch schaffen'', hat sie gelacht.
Da hat man sie wieder zu Bett gebracht.
                      – nachts um drei.

Die alte Frau sitzt auf ihrer Bank.
Ich weiß: Sie ist alt und im Kopf etwas krank.
Ihre Haare sind weiß, ihr Gesicht ist grau.
Wann stirbt sie wohl, die alte Frau?
                      – sie macht mir Angst!

Es macht mich traurig, dies zu sehen.
Gott, ich kann es nicht verstehen.
Schau auf die Frau, vergiß sie nicht.
Nimm sie zu dir, gib ihr dein Licht!
                   – Bei dir ist es hell, lieber Gott!

Gott, du läßt die Sonne scheinen,
lieber Gott, ich kann mich freu'n.
Doch andre Menschen läßt du weinen.
Du läßt sie krank und traurig sein.
Die alte Frau, den alten Mann:
Ich bitte dich, sieh du sie an.

Gott, laß du sie fröhlich werden.
Schick Freunde ihnen, groß und klein.
Und wenn sie fühlen, daß sie sterben,
laß sie nicht alleine sein!
Laß sie in deinem Reiche leben.
Dort kannst du ihnen alles geben.

Gott, du läßt die Sonne scheinen.
Mein Leben, Gott, ist schön und rund.
Ich freue mich, ich muß nicht weinen.
Ich habe Freunde, bin gesund.
Dafür will ich dir täglich danken.
Und bitten dich für alle Kranken!

Gott, ich möchte dich gerne sehen!

Gott, ich möchte dich gerne sehen!
Ich möchte dich anfassen!
Ich möchte dich hören!
Das wäre schön!

Aber ich kann dich nicht sehen,
nicht anfassen, nicht hören.
Meine Augen, meine Hände und meine Ohren suchen dich.
Nirgends finden sie dich, du versteckter Gott!

Gott, du bist trotzdem bei den Menschen.
Du bist ein wunderbarer Vater.
Du hörst uns alle.
Du hilfst uns allen.

Du bist bei uns, du bist in uns.
Du bist nah, du bist fern.
Du bist immer wieder neu!
Ich möchte dich kennen, Gott!

DAS MÖCHT' ICH WISSEN

Mutter, sag doch: Gott, der Herr,
– ich möcht' es wissen, das ist so schwer –
ist er ein Geist, eine Pflanze, ein Tier?
Ist er ein König und zeigst du ihn mir?

Mutter, sag doch, ich möchte, ich will
endlich wissen: Warum ist Gott so still?
Spricht er nur in der Bibel, diesem Buch?
Kommt er nie zu uns zu Besuch?

Mutter, sag doch: Wohnt Gott im Himmel?
Ist dort ein schreckliches Engel-Gewimmel?
Hat er ein Haus, ein Bett und ein Kissen?
Muß er auch essen? Das möcht' ich wissen!

Mutter, sag doch: Was macht Gott heute?
Kennt er wirklich alle Leute?
Ich möchte wissen: Sieht er durch Wände?
Hat er Augen und Ohren, hat er Hände?

Mutter, sag doch: Bringt Gott den Frieden?
Warum streiten sich die Menschen da drüben?
Macht dieser Gott denn wirklich auch Brot?
Sag Mutter: Ist dieser Gott nie tot?

Oh Gott, kein Mensch hat dich gesehen.
Wohin wir laufen oder gehen,
du bleibst uns immer fern.
Wohnst du auf einem Stern?

Doch Jesus kommt von dir zur Erde.
Daß er ein guter Freund uns werde.
Er kennt dich gut, er ist dein Kind.
Er weiß, wie wir verlassen sind.

Er sagt, du bist in unserer Mitte.
Gott, darum hab' ich diese Bitte:
Mach, daß wir dich spüren.
Gott, du kannst uns führen.
Laß uns mit dir gehen,
auch wenn wir dich nicht sehen.

Wie der Hirsch nach Wasser schreit

Der Hirsch sucht eine Wasserstelle.
Sein Durst ist groß. Er schreit und schreit.
Er sucht nach einer frischen Quelle.
Die Sonne brennt, der Weg ist weit.

Ich suche Gott, ich find' ihn nicht.
Ich suche Gott auf allen Straßen.
Du großer Gott, wo find' ich dich?
Dich möcht' ich sehen, möcht' ich fassen.

Wie der Hirsch nach Wasser schreit,
Gott, so hab' ich Durst nach dir.
Die Sonne brennt, der Weg ist weit,
Gott, versteckst du dich vor mir?

Ich schreie laut, dich darf ich stören.
Hör zu, ich ruf', so laut ich kann.
Dich ruf' ich, Gott, du wirst mich hören.
Ich warte, Gott, du schaust mich an!

Dafür danke ich dir!

nach Ps. 42

Vom guten Hirten

Wie der Hirte sucht sein Tier,
so suchst du, lieber Gott, nach mir.
Ich kann nicht verlorengehen.
Gott, du wirst mich immer sehen.
Du trägst mich heim in deinem Arm.
Da bin ich froh, da ist mir warm.

zu Lukas 15,3–7

Wenn wir tot sind

Wenn wir tot sind,
können wir nicht mehr stehen.
Wir können die Blumen nicht mehr sehen,
die Hand der Mutter nicht mehr fassen.
Oh Gott, du wirst uns nicht verlassen!

Wir sind in einer neuen Welt,
Gott macht, daß es uns dort gefällt.
Wir wissen nicht, wie wir dort sind.
Gott aber sagt: „Du bleibst mein Kind.''

Wir denken nicht so gern ans Sterben,
wir möchten nicht ganz anders werden.
Oh Gott, du willst die Hand uns geben
in diesem und im andern Leben!

SCHÖPFUNGSLIED

Gott, du hast die ganze Welt gemacht.
Am ersten Tag das Licht: aus Dunkel Tag und Nacht.
Alles ist allein durch dich.
Herr, unser Gott, wir preisen dich.

Am zweiten Tag hast du das Himmelszelt
über den großen Wassern aufgestellt.
Der Himmel und die Wasserflut:
Lob sei dir Gott, du machst es gut!

Am dritten Tag enstand das Land, die Felder,
das Gras, die Blumen und die Wälder.
Das Wasser sammelt sich im Meer.
Wir preisen dich, du großer Herr!

Am vierten Tag brachte die Sonne Wärme.
Nachts kam der Mond und viele Sterne.
Gott ließ uns im Dunkeln nicht.
Wir loben dich für jedes Licht!

Am fünften Tag ließ Gott die Vögel schweben,
im Wasser Fische, Muscheln, Krebse leben.
Fürs Leben unten, für die Vögel oben:
Wir wollen unseren Schöpfer loben!

Am sechsten Tage schuf er Katze, Hund und Kuh.
Und dann kam Gottes schönstes Werk dazu:
Der Mensch, wie Gott und doch wie ich,
Herr, mein Gott, ich preise dich!

Am siebten Tag betrachtet Gott die Welt und ruht.
Er sagt zum Menschen: alles ist bereit und gut,
du bist nun Herr, du sollst dies alles pflegen.
Gott, gib uns dazu deinen Segen!

nach 1. Mose 1

UND ICH, HÖRE ICH DICH?

Zu Noah sagtest du: Baue ein Boot!
Dann kamen die großen Wassermassen.
Menschen und Tiere gerieten in Not.
Doch die Arche hast du landen lassen.
Gott, Noah hörte deine Worte,
vor langer Zeit an fernem Orte.
Und ich, höre ich dich?

Zu Abraham sagtest du: Du bekommst einen Sohn!
Und Sarah lachte, damals im Zelt.
Doch nach einem Jahre schon
kam das Kind Isaak zur Welt.
Gott, Abraham hörte deine Worte,
vor langer Zeit an fernem Orte.
Und ich, höre ich dich?

Zu Mose sagtest du: Mein Volk sollst du leiten!
Und Mose fürchtete sich sehr.
Doch dann stand Wasser hoch auf beiden Seiten.
Das Volk floh aus Ägypten durch das Meer.
Gott, Mose hörte deine Worte,
vor langer Zeit an fernem Orte.
Und ich, höre ich dich?

Gott, wie sprichst du mit den Menschen heute?
Sind wir denn ganz andre Leute?
Schickst du Boten, schickst du Worte?
In dieser Zeit, an unsre Orte?
Und ich, höre ich dich?

Gott, gib uns deinen Geist und mach uns neu!

Wir leben hier in einer neuen Zeit.
Wir fahren zum Mond, die Welt ist weit.
Dein Geist ist alt, er ist immer gleich.
Er macht uns neu, er macht uns reich.
Neuer als Mondraketen und Düsenflugzeuge.

Dein Geist ist alt und doch so neu.
So neu, daß wir auch heute zu dir passen.
Daß er mit uns geht auf den Straßen.
Dein Geist ist schneller als der Wind.
Dein Geist ist alt, aber jung wie ein Kind.

Dein neuer Geist führt uns zu den andern.
Er macht, daß wir nicht alleine wandern.
Dein Geist ist alt und doch modern.
Er gibt uns Freunde, wir haben sie gern.
Kleine und große Freunde, alte und junge.

Gott, gib uns deinen Geist,
werde du selbst unser Freund
und mach, daß wir zu Freunden Jesu werden.

Jesus, du kommst von Gott.
Du bist ein Mensch geworden.
Ein Mensch mit Armen und Beinen.
Ein Mensch, der konnte traurig sein und weinen.
Ein Mensch mit Angst und Not.

Jesus, du kommst von Gott.
Du kennst auch unsre Menschenherzen
mit ihren Leiden, ihren Schmerzen.

Jesus, du baust eine Brücke,
eine Brücke aus unsichtbaren Steinen.
Auf der Brücke verliert man das Weinen.
Denn auf der Brücke wissen wir:
Wir gehen alle zu dir.
Jesus, du kommst von Gott.

Jesus kommt zu den Schwachen
und Kleinen

Jesus kommt zu den Schwachen und Kleinen.
Er sieht, wenn sie traurig sind und weinen.
Jesus kommt zu den Kleinen und Schwachen.
Er macht, daß die Traurigen wieder lachen.

Mit Jesus wollen wir gehen
und nach den Traurigen sehen.
Wir möchten sie fröhlich machen,
damit sie wieder lachen.

Bartimäus

Bartimäus, blinder Mann!
Man sieht deinen Augen an:
Sie sind leer und starr und blind.
Bettler warst du schon als Kind.
Du hockst still am Straßenrand
mit dem Stocke in der Hand.

Jesus, Meister, starker Mann!
Kommst mit deinen Freunden an.
Du bleibst auf der Straße steh'n.
Den Bettler hast du schon geseh'n.
Und du fragst: „Was willst du hier?"
Deine Hand sagt: Komm zu mir!

Der Bettler schreit, so laut er kann:
„Heil mich, Jesus, starker Mann!
Davids Sohn, du kommst von Gott.
Hilf mir doch in meiner Not!"
Die Freunde zischen: „Sei doch still,
wenn der Meister reden will!"

„Bartimäus, blinder Mann,
komm zu mir und schau mich an!"
Jesus läßt den Bettler sehen.
„Jesus, ich will mit dir gehen!
Danke, Jesus, du gibst Licht!
Meister, ich verlaß' dich nicht!"

zu Markus 10, 46–52

OSTERN

Die Jünger sind traurig, sie sind in Not.
Sie weinen, sie sagen: Jesus ist tot.
Da tritt er ein – sie erschrecken sehr.
Doch dann rufen sie: „Es ist unser Herr.
Sein Grab ist leer. Er ist am Leben.
Er will auch uns das Leben geben."

Oh Gott, Jesus lebt, er ist bei dir!
Jesus lebt! Gib diese Freude auch mir!

DAS NEUE LEBEN

Jesus, du gehst vom Tod in ein neues Leben.

Jesus, der Stein deines Grabes ist fort!
Jesus, du gehst an einen neuen Ort.
Du winkst uns zu, du rufst nicht laut.
Eine neue Straße hast du gebaut.
Uns alle nimmst du auf der Straße mit.
Wir haben Angst.
Wir gehen langsam Schritt für Schritt.
Die Angst ist dumm.
Wir könnten fröhlich gehen.
Wir sagen dann: Wir möchten diesen Jesus sehen.
Reicht es nicht, wenn wir dich spüren?
Die Straße zu Gott wirst du uns führen!

Jesus, du gehst vom Tod in ein neues Leben.
Nimm mich auch mit auf deiner Straße!

PFINGSTEN

Ins Haus, wo die Freunde Jesu sind,
braust vom Himmel her ein gewaltiger Wind.
Die Freunde staunen, sie rücken zusammen.
Auf ihren Köpfen sieht man Flammen.

Sie reden von Gott in allen Sprachen.
Die Zuschauer schütteln den Kopf und lachen.
„Die sind ja betrunken vom süßen Wein!"
Doch andere fragen: „Was mag das sein?
Erklärt uns alles, laßt uns herein!"

Und da beginnt Petrus zu allen zu reden:
„Gott hat uns seinen Geist gegeben,
eine große Kraft ist zu uns gekommen.
Der Geist hat uns alle Angst genommen.
Wir wollen euch alles von Jesus sagen:
Er ist der Herr! Er will uns tragen!"

Deine Kraft, Gott, kannst du allen geben.
Gib auch uns deinen Geist, damit wir leben.

DEIN GEIST

Dein Geist kommt zu uns und macht uns warm.
Ohne ihn sind wir dumm und arm.
Dein Geist kommt wie Feuer, wie Glut.
Dein Geist macht uns allen neuen Mut.
Dein Geist will uns stärken, wird uns führen.
Er macht, daß wir Jesu Liebe spüren.
Komm, heiliger Geist!

Jesus, ich möchte mit dir reden.
Kannst du nicht heute durch die Straßen geh'n?
Kann ich dein Gesicht nicht seh'n?
Lebst du auch jetzt, in diesen Tagen?
Jesus, ich möchte vieles fragen.

Jesus, ich möchte mit dir reden.
Zweitausend Jahre sind vergangen.
Da hat dein Leben angefangen.
In einer Höhle, einem kleinen Haus.
Da sahst du ganz gewöhnlich aus.

Jesus, ich möchte mit dir reden.
Als Helfer zogst du weit durchs Land.
Hätt' ich dich damals doch gekannt!
Wärst du auch zu mir gekommen?
Hättest du mich mitgenommen?

Jesus, ich möchte mit dir reden.
Manchmal spür' ich dich ganz nah.
Ich rufe dann: Jetzt bist du da!
Komm Jesus, komm in unsre Zeit!
Sieh Hunger, Not und großes Leid!

DER GEBURTSTAG JESU

Kommt her, kommt her, ihr Leute!
Wir feiern Geburtstag heute.
Geboren ist für uns der Mann,
der von Gott erzählen kann.

Kommt her, kommt her, ihr Leute!
An Jesus denken wir heute.
Er liebt die Kleinen und Schwachen.
Wir wollen singen und lachen!

BIST DU WIRKLICH KÖNIG?

Sag mir, bist du wirklich König,
im alten Stall, des Hirten Gast?
Warum hast du denn so wenig?
Sag mir, wo steht dein Palast?

Sag mir doch, wer bist denn du?
Du heilst Lahme, machst sie froh.
Du hörst auch den Kindern zu.
König, du liegst nur auf Stroh.

Sag mir, hast du Schwert und Geld?
König, brauchst du keine Krone?
Du kommst arm in diese Welt.
Weißt du, König, wo ich wohne?

König, komm in unser Haus!
Komm, wir brauchen keine Pracht!
Du siehst wie ein Bettler aus.
Doch du hast uns reich gemacht.

Jesus, ich brauch' dich, werde mein Freund!
Wir gehen zusammen weit über Land.
Jesus, ich brauch' dich, werde mein Freund!
Wir gehen zusammen Hand in Hand.

Jesus, komm zu uns, wohne in uns!
Dann sind wir für dich ein Haus, ja ein Schloß.
Jesus, komm zu uns, wohne in uns!
Dann werden wir froh, dann sind wir groß.

Wenn das erste Weihnachten nochmals käme

Wenn das erste Weihnachten nochmals käme,
dann nähme
ich eine lange Feuerwehrleiter.
Ganz oben würde es warm und heiter;
ich stiege mitten in den Stern.
Und er sagte zu mir:
Dich habe ich gern.

Wenn das erste Weihnachten heute wäre,
dann nähme ich eine spitze Schere.
Das Bild von jenem Haus
schnitte ich aus der Zeitung aus,
das Bild von dem Ort,
wo Jesus geboren.
Und in wenigen Stunden wäre ich dort!

Käme Weihnachten wirklich heute
für alle Leute,
auf den Plätzen und großen Straßen,
dann könnten es alle sehen und fassen.
Vielleicht wäre es ganz klein,
wie ein Spatz in der Hand,
und jeder würde fröhlich sein.

Vielleicht muß man nicht nach Bethlehem gehen,
um dort das Kind im Stall zu sehen.
Vielleicht ist das richtige Weihnachten hier
bei dir und bei mir.
Ich glaube, wir sehen auch jetzt den Stern,
in unserer Stadt,
und er sagt: Dich habe ich gern.

Unser Vater

Unser Vater im Himmel!

Gott, Du kennst uns alle.
Wir sehen Dich nicht, Du herrschst im Himmel.
Aber Du sorgst für uns.
Bei Dir sind wir daheim!

Geheiligt werde Dein Name.

Unser Vater, wir wollen Gutes sagen von Dir.
Denn Du hast die ganze Welt gemacht.
Wir danken Dir!

Dein Reich komme.

Unser Vater, einmal werden alle Menschen
in Deinem Hause wohnen.
Alle werden leben. Wir freuen uns darauf.
Jesus wohnt schon jetzt bei Dir.
Er hat uns von Dir erzählt.
Wir danken Dir!

Dein Wille geschehe wie im Himmel, so auf Erden.

Unser Vater, hilf uns alles verstehen,
was mit uns geschieht!
Wir Menschen wollen oft ganz andere Dinge.
Aber was Du willst, ist gut für uns.
Wir danken Dir!

Unser tägliches Brot gib uns heute.

Bitte gib uns, was wir jeden Tag zum Leben brauchen:
Gib uns Essen und Trinken, gib uns Freunde.
Gib uns Gesundheit und Wärme, gib uns Frieden.
Bitte gib dies allen Menschen auf der Erde!

Und vergib uns unsere Schuld

Wir denken oft nur an uns selbst,
wir wollen alles für uns haben.
Das ist nicht gut.
Hab Du uns trotzdem lieb!

wie auch wir vergeben unsern Schuldigern.

Hilf uns an die anderen denken!
Mach, daß wir sie lieb haben, auch wenn sie uns ärgern.

Und führe uns nicht in Versuchung,

Mach, daß wir Dich nicht vergessen!

sondern erlöse uns von dem Bösen.

Mach, daß uns das Böse keine Angst macht:
Hunger, Krankheit, Streit und Krieg.
Mach, daß das endlich aufhört!

Denn Dein ist das Reich und die Kraft
und die Herrlichkeit in Ewigkeit.

Du, unser Vater im Himmel!

Amen.

Nachwort

In Gebeten zu Hause sein

Für mich begann es so: Als noch sehr junge Eltern sangen wir ein Abendlied mit unserem ersten Kind. Das tat dem kleinen Mädchen gut. Das Kind wurde ruhig. Es freute sich. Auch wir freuten uns, wenn wir etwa die alten Strophen von Matthias Claudius vom Mond sangen. Zuerst war uns nicht bewußt, daß wir dabei beteten. Wir merkten nicht, daß wir fast nebenbei Gott anredeten:

> „Verschon uns, Gott, mit Strafen,
> und laß uns ruhig schlafen
> und unsern kranken Nachbarn auch."

Aber bald wurde uns und dem Kind klar: Hier geht es nicht nur um ein schönes und sentimentales Einlullen; es geht um Gott – es geht aber auch um mich. Das Kind begann, nach diesem Gott zu fragen – wir Eltern begannen neu über ihn nachzudenken, für uns selbst und für unsere Kinder. Wir spürten: In dieser Situation der Geborgenheit, abends im Bett, läßt sich von ihm reden – in dieser Situation wirkt das Reden von einem gütigen Gott, dem wir vertrauen dürfen, besonders überzeugend. Wir spürten: Auch eine ausgewogene Form, die Melodie, der Reim tragen zur Freude des Kindes bei.

Gleichzeitig aber wurden wir unsicher. Viele alte Gebets- und Liedformen schienen uns von ihrem Inhalt her für Kinder unverständlich oder veraltet, oft von einer allzu selbstverständlichen Frömmigkeit, die dem Kind starre Glaubenssätze einhämmern wollte. Wir begannen alte Gebete abzuändern, wir sprachen freie Gebete. Unser Wunsch nach neuen, für heutige Kinder geformten Gebeten blieb unerfüllt.

Erst später, nach der Geburt unseres fünften Kindes, fand ich den Mut, selbst Gebete für Kinder zu schreiben. Ich spürte dabei, daß solche Gebete nicht einfach „gemacht" werden können. Ich merkte, daß sie von mir selbst erlebt, von mir selbst gebetet sein mußten, um stimmig und auch für Kinder brauchbar zu sein. Ich sah: Gerade christlichen Glauben können wir Kindern nicht in pädagogisch oder psychologisch raffinierten Texten anlernen – wir müssen mit den Kindern einen Weg gehen und dafür Formen finden, die für uns beide, Kinder und Erwachsene, gleich überzeugend, aber immer auch gleich provisorisch sind. Aus eigenen, persönlichen Erfahrungen heraus gewannen die Gebete eine feste sprachliche Form.

In Gesprächen und Elternkursen erfuhr ich, daß andere Eltern und Kinder ähnlich suchten wie wir. Etliche begannen, meine Gebete zu brauchen. Ich erfuhr von Kindern, die sich darüber freuten – zu Hause, im Kindergarten, in der Kinderklinik und im Kindergottesdienst. Das machte mir Mut, nach meinem schweizerdeutschen Gebetbüchlein* weiterzuschreiben, für die eigenen und für andere Kinder.

Ich blieb dabei der ursprünglichen Absicht treu, feste Formen zu schaffen, Formen, in denen sich Kinder zu Hause fühlen, die ihnen eingehen, die sie aber gleichzeitig zum freien Gebet anregen. Ein Rhythmus, der Reim – also Elemente, die sich wiederholen, verschaffen dem Kind das Gefühl von Geborgenheit. Besonders bei schwierigen Themen erweist sich ein solches vorgegebenes Gebet als Stütze und Anregung, vielfach auch als Hilfe für Eltern und Kinder, ihre Hemmungen zu überwinden. Sie können sich vorerst einmal hinter der festen Form verstecken, sich gleichzeitig ganz hineinleben und von dieser Form her weiterdenken. Die scheinbar starren Gebetstexte werden auf diese Weise für Kinder und Erwachsene zu einem Schatz, auf den man zurückgreifen kann, mit dem das Leben vielleicht auch ein wenig mehr von Hoffnung erfüllt wird.

Gott und sich selbst erfahren

Was müßten nun aber solche Gebete zum Inhalt haben, damit sie

---

* Große Gott – singsch du im Wind, Flamberg Verlag, Zürich 1973, 7. Aufl. 1981

das Kind und uns tragen können und in gewissen Situationen zu einer echten Lebenshilfe werden?

Vorerst lernt das Kind im Gebet: Da ist einer, mit dem kann ich reden. Da hört mich einer, er ist da für mich. Ich kann zu ihm rufen, ihn Gott nennen, denn er interessiert sich auch für mein Kinderleben – für meine Freude am Lachen und am Essen, für meine Angst vor dem Dunkel und dem Krieg. Das Kind spürt: Dies alles hat mit Gott zu tun, es gehört zu ihm, ich möchte ihm davon erzählen. Während das Kind aber von sich erzählt, sich selbst vor Gott bringt, kann es gleichzeitig seine Nähe spüren: Es erlebt den Gott, der sich ihm zuwendet und zuhört.

Indem das Kind Gott zuerst einmal für das Schöne dankt, lernt es, das Schöne überhaupt zu sehen – und es lernt: ich habe es nicht aus mir selbst, ich habe es ihm zu verdanken; er muß ein guter Gott sein, auch wenn ich ihn weder sehen noch fassen kann. Denken und Danken gehören nahe zusammen!

Dann aber versuchen die hier vorliegenden Gebetstexte noch mehr über Gott zu sagen, gelegentlich auch von ihm zu erzählen: Er ist wie ein Hirte, er begleitet uns über die Grenze des Todes hinaus, er ist Schöpfer der Erde, er begegnet uns in Jesus. Immer wieder anders ist von ihm die Rede. Er ist nicht in die Formel vom „lieben" oder „allmächtigen" Gott zu bannen – er wird in jedem Gebet anders erfahren, so wie ihn auch die Menschen in der Bibel immer wieder anders erlebt haben.

Gleichzeitig erlebt das Kind sich selbst in jedem Gebet neu und anders: Vom beinah humoristischen kleinen Dankgebet bis zu intensivem Fragen nach der Not unserer Welt ist das Kind in diesen Texten auf verschiedenartige Weise beteiligt. Vielleicht entdeckt es mit den Gebeten neue, bisher nicht bewußte Fragen und Probleme – vielleicht findet es darin auch Geborgenheit, Rückkehr zu Kleinkindlichem, Vertrautem. Es kann in die Gebete hineinwachsen, mit den Gebeten selbst wachsen; es darf aber in den Gebeten vor Gott auch klein und liebebedürftig sein. Immer – so wünsche ich es mir – erfährt es dabei etwas über sich selbst *und* etwas über Gott. Es wird mit *seinem* Leben in die Bewegung Gottes hineingenommen; beides gehört, vielleicht nur für kurze Augenblicke, eng zusammen. Dabei kann fürs Kind und den Erwachsenen etwas aufleuchten von dem, was wir anspruchsvoller als „Glauben" bezeichnen. Unsere Hoffnung auf Gottes Gegenwart wird vielleicht plötzlich sehr lebendig – sie kann unser Fühlen, Denken und Handeln verändern.

Bitten und an die andern denken

Beten und Bitten bedeutet im Grunde dasselbe. Wir bitten Gott im Gebet. Die Bitte um seine Gegenwart und um seine Hilfe scheint mir dabei das Wichtigste. Es ist gut, wenn schon ein kleines Kind dabei heraushört: Gott weiß, *wie* er uns helfen kann. Wir sollten ihm keinen Wunschzettel mit speziellen Wünschen schicken, keine Bitten, auf deren Erfüllung wir ungeduldig warten, auf deren Nicht-Erfülltwerden Kinder und Erwachsene mit Zweifel an Gott reagieren. In den vorliegenden Gebeten werden darum selten konkrete Bitten ausgesprochen. „*Komm Gott, wir brauchen dich*", könnte als Motto über allen stehen. – Sicher darf auch einmal eine sehr persönliche Bitte, ein Notschrei im Gebet vorkommen – aber dies ist wohl nicht Aufgabe eines vorgeformten Gebetes, sondern immer wieder frei formulierte Zufügung.

Was mir wichtiger scheint fürs Bittgebet, ist die Fürbitte, die Bitte *für* andere Menschen. Die Fürbitte verhindert, daß ein Gebet zu egoistisch wird – sie bewirkt, daß ein Kind an andere Menschen denkt: an ihr Altwerden, ihre Not, ihre Einsamkeit oder Armut. Und indem das Kind an diese Menschen denkt, von ihnen erzählt, kommt es selbst diesen Menschen nahe. Es beginnt sich in dieser Welt verantwortlich zu fühlen. Die andern, auch weit Entfernte und Seltsame, werden ihm wichtig. So begegnet man in einzelnen Gebeten, die eher erzählende Gedichte sind, einem Kind in Afrika oder einer uralten Frau. Diese Begegnung findet vor Gott statt – der leidende Mensch wird vor ihn gebracht. Gott wird gebeten, auch bei diesem Ärmsten zu sein. Das Kind aber spürt: In unserer Verantwortung für andere sind wir nicht allein; gerade auch scheinbar ausweglosen Schicksalen können wir mit seiner Hilfe begegnen.

Zum Gebrauch der Gebete

Gebete mit Reimen können Kinder auswendig lernen – wohl nicht durch Abfragen, sondern einfach durch den wiederholten Gebrauch, durch unser Vorlesen, Kinder *leben* dann mit diesen Texten! Die Gebete werden ganz langsam mehr als nur Bestandteil des Abendrituals. – Dabei dürfen wir Kinder, wenn sie die Gebete abwandeln, nicht korrigieren. Es ist erfreulich, wenn jedes Kind aus den vorliegenden Texten nicht nur seine bevorzugten auswählt, sondern sie auch – vielleicht mit Hilfe der Eltern – *verändert*.

Aber nicht nur ein Verändern, auch ein Weiterbeten, ein Einbringen persönlicher kindlicher Anliegen kann ich mir vorstellen. Vielleicht werden durch einzelne Stichworte in den Gebeten persönliche Probleme bewußt; vielleicht ist plötzlich der Mut da, über diese Probleme mit den Eltern zu reden oder sie vor Gott auszusprechen.

Manchen Leser mögen gewisse *Wiederholungen* in meinen Gebeten stören – so die beharrliche Anrede Gottes, auch das „danke" oder das Wiederholen ganzer Zeilen. Ich glaube, nur Erwachsene empfinden solches Wiederholen als langweilige Litanei. Für Kinder kann das mehrfache Aussprechen gleicher Wörter und Sätze beim Einüben einer Gebetshaltung helfen. Das Aussprechen wird zum Rufen, mit dem Unterton: „Gott, Gott, hör doch endlich!", „Ich laß' dich nicht los", „Ich will es dir immer wieder neu sagen."

Die Gebete sind ja auch echte Fragen, Klagen, verzweifelte Bitten um Gottes Gegenwart. Auch die Suche nach Jesus spiegelt sich in ihnen: die Suche nach jenem Menschen, der vor zweitausend Jahren lebte, uns also fern und fremd sein kann – anderseits so nah ist, daß wir ihn noch heute anrufen, zu ihm beten können. Daß dies keine Selbstverständlichkeit ist, sondern daß wir darum ringen müssen, auch im Gebet immer wieder fragen und zweifeln dürfen, wollen vor allem die Gebete in den zwei letzten Abschnitten zeigen. Auch sie können Anstoß zum Weiterdenken, zum Weitersprechen mit Gott sein.

Für mich sind alle Gebete offen – das „Amen", das in einer Vorform unter jedem Text stand und das jeweils eine Art Schlußstrich setzte, habe ich weggelassen. Natürlich ist es jedem Benutzer freigestellt, es dann anzufügen, wenn sein Beten oder das Beten mit seinem Kind beendet ist.

Manche meiner Gebete sind eher *Gedichte*. Sie knüpfen bei einer Aussage über Gott an; sie knüpfen an bei einer menschlichen Situation. Vielleicht enden sie in der Gebetsform – einzelne verzichten bis zum Schluß auf ein Anreden Gottes. Aber auch sie möchten zum Beten „verführen", indem sie die Kinder im Fragen nach Gott so weit führen, daß am Ende das Gespräch mit ihm selbst erst anfängt.

Jedem Leser dürfte klar sein, daß sich die hier vorliegenden Gebete für verschiedenartige Gelegenheiten, auch für verschiedene Altersstufen eignen. Bei vielen Gebeten habe ich natürlich an die Situation abends am Bett des Kindes gedacht: Es ist wohl für ein Gebet mit dem Kind der beste, ruhigste Augenblick. Unter den typischen *Abendgebeten* – vor allem in den ersten zwei Abschnitten – finden sich manche, die schon für ganz kleine Kinder geeignet sind.

Einzelne Tischgebete oder Texte, die *auch* bei Tisch gesprochen werden können, sollen in der Familie zum heute eher veralteten *Tischgebet* wieder Mut machen, zum Danken einerseits, zum Denken an die andern andererseits. – Auch die Gebete zu den Festen des Kirchenjahres möchten Mut machen, Mut dazu, die betreffenden Geschichten von Jesus zu erzählen und die Feste bewußt zu feiern.

Andere Gebete sind vielleicht nur bei gewissen Stimmungen oder nach bestimmten Ereignissen brauchbar. Ich denke hier an das Gebet über schlechte Laune (Seite 30) oder übers Kranksein (Seite 38), aber auch an „Das Haus aus Watte" (Seite 37), das nicht nur dem Unverstandensein des Kindes Ausdruck verleihen soll, sondern gleichzeitig den Erwachsenen ansprechen möge. Wie andere Gebete möchte es nicht nur bei Gott, sondern auch beim mitbetenden Erwachsenen eintreten für die Anliegen des Kindes.

Es ist gut, wenn Eltern einmal alle Gebete lesen. *Größere* Kinder aber können auch alleine im vorliegenden Buch stöbern und für sich das passende Gebet suchen. Vielleicht kommen Kinder, die nicht mehr unbedingt mit Erwachsenen beten wollen, gerade durch solches Stöbern zu eigenem Beten, ja zu ganz eigenem Nachdenken über sich selbst und über Gott. Damit können wir sie – ja sie zwingen uns vielleicht dazu – mit etwa zehn oder zwölf Jahren allein lassen. Möglicherweise bleiben aber gerade einzelne Gebetstexte ein willkommener Anlaß, mit dem Kind auch dann über religiöse Dinge zu reden, wenn es nicht mehr unbedingt mit uns beten will.

So möchten diese Gebete Eltern und Kindern helfen beim Beten. Sie möchten durch ihre Form Freude machen; sie möchten zu Erfahrungen mit Gott führen; sie möchten die anderen Menschen miteinbeziehen und letztlich immer Anstoß sein, auch ein freies, ganz persönliches Bitten und Danken, auch Erzählungen und Fragen der Kinder hinzuzufügen.

Prof. Rudolf Bohren, Heidelberg, hat mich mit vielen Anregungen und freundlicher Kritik beim Ausarbeiten dieser Gebete begleitet. Ich möchte ihm dafür herzlich danken.

Die Gebete S. 15, 22, 23, 26 sind zum ersten Mal erschienen in „Alles ist neu", Fibel für den Religionsunterricht im 1. Schuljahr, Kaufmann, Lahr und Diesterweg, Frankfurt, 1977; das Gedicht S. 47 ist zum ersten Mal erschienen in „Erzählbuch zum Glauben 1", Kaufmann, Lahr und Benziger, Zürich, 1981; das Gebet S. 50 in „Das verlorene Schaf", Kaufmann, Lahr, 1980.